AF494147

2 Avril 1892. N

Collection de M. M...

TABLEAUX

MODERNES ET ANCIENS

AQUARELLES, DESSINS, ETC.

PARIS — 1892

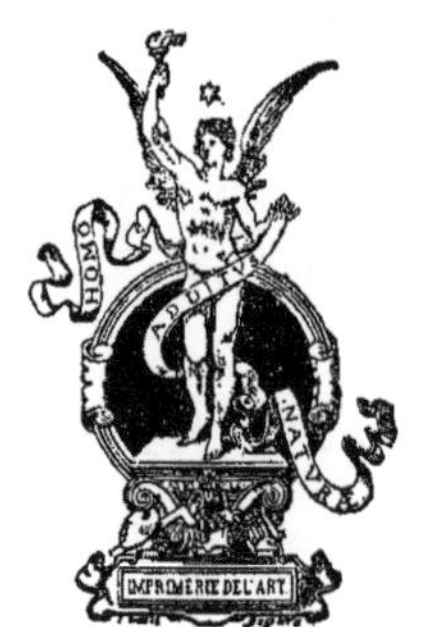
HOMO
IMPRIMERIE DE L'ART

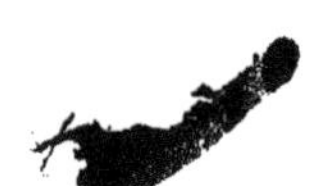

CATALOGUE

DE

TABLEAUX

MODERNES ET ANCIENS

Aquarelles et Dessins

PROVENANT DE LA COLLECTION DE M. M...

ET DONT LA VENTE AURA LIEU

HOTEL DROUOT, SALLE N° 3

Le Samedi 2 Avril 1892

A DEUX HEURES ET DEMIE

COMMISSAIRE-PRISEUR

Mᵉ PAUL CHEVALLIER

10, rue de la Grange-Batelière, 10

EXPERTS

Pour les Tableaux modernes

MM. ARNOLD ET TRIPP

8, rue Saint-Georges, 8

Pour les Tableaux anciens

M. EUG. FÉRAL, peintre

54, Faubourg-Montmartre, 54

EXPOSITION PUBLIQUE

Le Vendredi 1er Avril 1892, de 1 heure à 5 heures 1/2

CONDITIONS DE LA VENTE

Elle sera faite au comptant.

Les acquéreurs payeront en sus des enchères *cinq pour cent.*

Paris. — Imp. de l'Art, E MÉNARD et Cie, 41, rue de la Victoire.

DÉSIGNATION

TABLEAUX MODERNES

AQUARELLES ET DESSINS

Bastien-Lepage.

1 — *Paysage.*

Signé à gauche.

Toile. Haut., 40 cent.; larg., 62 cent.

Beauquesne.

2 — *Épisode de la guerre de 1870.*

Bois. Haut., 40 cent.; larg., 33 cent.

Betseller.

3 — *Mac-Mahon à l'assaut.*

Bispham.

4 — *Les Génisses au pâturage.*

Signé à droite.

Toile. Haut., 33 cent.; larg., 56 cent.

Blaas (Jul. Von

5 — *Paysan assis.*

Signé à gauche.
Daté 1869.

Toile. Haut., 60 cent.; larg., 47 cent.

Breton (Émile).

6 — *Paysage; crépuscule.*

Toile. Haut., 46 cent.; larg., 55 cent.

Castiglione.

7 — *Le Cardinal musicien.*

Signé à gauche.

Bois. Haut., 29 cent.; larg., 22 cent.

DÉSIGNATION

TABLEAUX MODERNES

AQUARELLES ET DESSINS

Bastien-Lepage.

1 — *Paysage.*

Signé à gauche.

Toile. Haut., 40 cent.; larg., 62 cent.

Beauquesne.

2 — *Épisode de la guerre de 1870.*

Bois. Haut., 40 cent.; larg., 33 cent.

Betseller.

3 — *Mac-Mahon à l'assaut.*

Bispham.

4 — *Les Génisses au pâturage.*

Signé à droite.

Toile. Haut., 33 cent.; larg., 56 cent.

Blaas (Jul. Von

5 — *Paysan assis.*

Signé à gauche.
Daté 1869.

Toile. Haut., 60 cent.; larg., 47 cent.

Breton (Émile).

6 — *Paysage; crépuscule.*

Toile. Haut., 46 cent.; larg., 55 cent.

Castiglione.

7 — *Le Cardinal musicien.*

Signé à gauche.

Bois. Haut., 29 cent.; larg., 22 cent.

Chevilliard.

8 — *Entr'acte.*

Ce tableau, d'une exécution précieuse et d'un dessin serré, représente d'une façon spirituelle un suisse d'église apaisant sa soif.

Signé à droite.

Bois. Haut., 24 cent.; larg., 18 cent.

Cock (César de).

9 — *Sous bois.*

Signé à droite.

Toile. Haut., 44 cent.; larg., 63 cent.

Cormon (J.).

10 — *Femme orientale.*

Signé à gauche.
Daté 1873.

Toile. Haut., 80 cent.; larg., 1 m. 11 cent.

Corot.

11 — *Vue prise derrière le jardin Barberini, à Rome.*

Haut., 33 cent.; larg., 28 cent.

Courbet.

12 — *Le Ruisseau.*

Signé à gauche.
Daté 1876.

Haut., 36 cent.; larg., 49 cent.

Courtois (G.).

13 — *Buste d'une dame espagnole.*

Signé à droite.
Daté 1881.

Toile. Haut., 51 cent ; larg., 37 cent.

Daubigny (C. F.).

14 — *Bords de l'Oise.*

Signé à gauche.

Bois. Haut., 39 cent.; larg., 67 cent.

Delacroix (Eug.).

15 — *La Flagellation du Christ.*

Esquisse.

Toile. Haut., 93 cent.; larg., 73 cent.

Detaille (Ed.).

16 — *Soldat de l'armée des Indes.*

Dessin à la plume.
Signé à droite E. D.

Haut., 20 cent.; larg., 13 cent.

Detaille (Ed.).

17 — *Uhlan autrichien.*

Aquarelle.

Haut., 39 cent.; larg., 21 cent.

Doré (Gustave).

18 — *Songe d'une nuit d'été.*

Dessin à la sépia.
Signé à gauche.

Haut., 34 cent.; larg., 25 cent.

Dreux (A. de).

19 — *La Promenade des châtelains; attelage à quatre chevaux.*

Signé à droite.

Toile. Haut., 92 cent.; larg., 1 m. 42 cent.

Dupray

20 — *Retour du parlementaire.*

Aquarelle.

Haut., 37 cent.; larg., 26 cent.

Dupré (Victor).

21 — *Paysage.*

Signé à gauche.

Bois. Haut., 35 cent.; larg., 26 cent.

Dupré (Victor).

22 — *Paysage.*

Signé à droite.
Daté 1841.

Toile. Haut., 30 cent.; larg., 50 cent.

Fauvelet.

23 — *Une Dame et sa servante.*

Signé à droite.

Bois. Haut., 25 cent.; larg., 18 cent.

Gaiser.

24 — *Homme fumant sa pipe.*

Signé à droite.

Bois. Haut., 21 cent.; larg., 15 cent.

Godchaux.

25 — *Plage.*

Signé à droite.

Toile. Haut., 43 cent.; larg., 70 cent.

Harpignies.

26 — *Coucher de soleil.*

Aquarelle.
Signée à gauche.
Datée 1881.

Haut., 29 cent.; larg., 41 cent.

Hébert.

27 — *Les Cervarolles.*

Signé à gauche.
Daté 1870.

Toile. Haut., 65 cent.; larg., 40 cent

Hébert.

28 — *Tête de jeune Italienne.*

Signé à gauche.

Toile. Haut., 38 cent.; larg., 30 cent.

Henner.

29 — *La Vérité.*

Une très belle femme nue, debout près d'un puits, dans un paysage où le ciel du soir se reflète dans un étang.

Ce tableau est d'une exécution très soignée, d'un beau dessin, et la couleur en est extrêmement harmonieuse.

Signé à droite.

Bois. Haut., 43 cent.; larg., 28 cent.

Inconnu.

30 — *Étude de deux femmes.*

Toile. Haut., 51 cent.; larg., 31 cent.

Inconnu.

31 — *Miniature.*

Copie d'après un tableau flamand.

Haut., 15 cent.; larg., 19 cent.

Inconnu.

32 — *Les Oies.*

Bois. Haut., 28 cent.; larg., 43 cent.

Inconnu.

33 — *Mouton.*

Bois. Haut., 24 cent.; larg., 32 cent.

Isabey (Eug.).

34 — *Le Départ des pêcheurs ; marine.*

Signé à gauche.
Daté 1828.

Toile. Haut., 47 cent.; larg., 66 cent.

Isabey (Eug.).

35 — *Marine.*

Toile. Haut., 32 cent.; larg., 40 cent.

Jacque (Ch.).

36 — *Berger et son troupeau dans un paysage boisé, près d'un étang.*

Belle composition d'une vigoureuse exécution. Signée à droite.

Toile. Haut., 71 cent.; larg., 1 mètre

Jacque (Ch.).

37 — *Cochons à la pâtée.*

Dessin au crayon rehaussé de blanc. Signé en haut à gauche.

Haut., 14 cent.; larg., 22 cent.

Jeannin.

38 — *Fleurs.*

Toile. Haut., 32 cent.; larg., 40 cent.

Jeannin.

39 — *Lilas.*

Toile. Haut., 32 cent.; larg., 40 cent.

Knight.

40 — *Paysannes ; environs de Poissy.*

Aquarelle.
Signée à droite.
Datée 1881.

Haut., 40 cent.; larg., 57 cent.

Kreyder.

41 — *Fraises.*

Toile. Haut., 29 cent.; larg., 63 cent.

Lansyer.

42 — *Paysage au bord de la mer.*

Toile. Haut., 39 cent.; larg., 60 cent.

Marny.

43 — *Intérieur de village.*

Signé à gauche.

Toile. Haut., 22 cent.; larg., 27 cent.

Meissonier.

44 — Trois croquis dans un seul cadre, avec lettre du maître au dos du cadre.

Mélin.

45 — *Deux Chiens de chasse.*

Signé à droite.
Daté 1853.

Toile. Haut., 99 cent.; larg., 1 m. 30 cent.

Mélin.

46 — *Chiens en arrêt.*

Aquarelle.

Haut., 21 cent.; larg., 28 cent.

Mosler (Henry).

47 — *Le Fumeur.*

Esquisse.
Signé en haut à gauche.
Daté 1880.

Bois. Haut., 35 cent.; larg., 26 cent.

Munkacsy.

48 — *Étude de vieille femme.*

Signé à gauche.

Bois. Haut., 42 cent.; larg., 32 cent.

Neuville (De).

49 — *Trompette d'infanterie ; tenue de campagne.*

Dessin à la plume.
Signé à gauche.
Daté 1878.

Haut , 24 cent.; larg., 33 cent.

Olive.

50 — *Marine.*

Toile. Haut., 65 cent.; larg., 92 cent.

Palizzi.

51 — *Le Berger.*

Esquisse.

Bois. Haut., 27 cent.; larg., 35 cent.

Palizzi.

52 — *Troupeaux à l'abreuvoir.*

Esquisse.

Toile. Haut., 80 cent.; larg., 1 m. 18 cent.

Pasini.

53 — *Paysage.*

Signé à droite.
Daté 1855.

Bois. Haut., 26 cent.; larg., 35 cent.

Penne (O. de).

54 — *Chiens de chasse.*

Signé à gauche.

Bois. Haut., 55 cent.; larg., 46 cent.

Penne (O. de).

55 — *Chiens de chasse.*

Signé à gauche.

Bois. Haut., 55 cent.; larg., 46 cent.

Pigal.

56 — *Jeune Voyageur demandant sa route.*

Signé à droite.

Bois. Haut., 14 cent.; larg., 11 cent.

Pollet.

57 — *Daphnis et Chloé.*

Aquarelle.
Signée à droite.

Haut., 20 cent.; larg., 26 cent.

Ribot (Th.).

58 — *La Lecture.*

Deux femmes, dont les cheveux ondulants tombent sur les épaules. Celle de droite, debout, lit une lettre. Celle de gauche, qui est assise, écoute avec plaisir, son vêtement éclate d'une note rouge et puissante sur sa poitrine, elle tient à la main un livre fermé.

Ce tableau important est de la plus belle manière du maître.

Signé à gauche.

Toile. Haut., 94 cent.; larg., 74 cent.

Richard.

59 — *Pour les petits oiseaux ! (Marchande).*

Signé à droite.
Daté 1828.

Toile. Haut., 33 cent.; larg., 25 cent.

Roll.

60 — *Tête d'étude.*

Dessin au crayon.
Signé à droite.

Haut., 34 cent.; larg., 26 cent.

Rousseau (Ph.).

61 — *Deux Chiens de chasse.*

Signé à droite.

Bois. Haut., 34 cent.; larg., 45 cent.

Rousseau (Ph.).

62 — *Le Lévrier.*

Aquarelle.
Signée à gauche.

Haut., 33 cent.; larg., 24 cent.

Royer.

63 — *Nature morte ; homard.*

Signé à droite.

Toile. Haut., 48 cent.; larg., 65 cent.

Rozier.

64 — *Sous bois.*

Signé à droite.

Bois. Haut., 23 cent.; larg., 19 cent.

Salmon (Th.).

65 — *Petite Paysanne cueillant une fleur.*

Signé à droite.

Bois. Haut., 29 cent. larg., 23 cent.

Tchoumakoff.

66 — *Tête de femme.*

Signé en haut à gauche.

Bois. Haut., 18 cent.; larg., 15 cent.

Vernet (Attribué à Horace).

67 — *Cavaliers cherchant leur route.*

Toile. Haut., 43 cent.; larg., 60 cent.

Vernier.

68 — *Petit Port de mer.*

Signé à droite.

Toile. Haut., 42 cent.; larg., 69 cent.

Vollon.

69 — *Poissons de mer.*

Tableau d'une très belle exécution.

Signé à gauche.

Toile. Haut., 71 cent.; larg., 1 m. 5 cent.

Vollon.

70 — *Vase bleu, bibelots et fruits.*

Tableau riche de couleur et d'une très belle exécution.

Signé à gauche.

Toile. Haut., 65 cent.; larg., 54 cent.

Vollon.

71 — *Lapin de garenne.*

Signé à gauche.

Bois. Haut., 50 cent.; larg., 37 cent.

Vollon.

72 — *Jeune Élève de Bacchus.*

Signé à gauche.

Bois. Haut., 41 cent.; larg., 32 cent.

Vuillefroy (De).

73 — *Vaches au pâturage.*

Signé à droite.

Toile. Haut., 65 cent.; larg., 80 cent.

Vuillefroy (De).

74 — *Femme conduisant une vache et son veau.*

Signé à gauche.

Bois. Haut., 37 cent.; larg., 46 cent.

Washington.

75 — *Le Repos de la caravane.*

Signé à gauche.

Toile. Haut., 40 cent.; larg., 58 cent.

TABLEAUX ANCIENS

Bordone (Pâris).

76 — *Jeune Femme cueillant des fleurs.*

Elle est assise, les cheveux blonds bouclés, les épaules et les bras nus; un petit amour lui apporte des roses dans une corbeille.

Belle peinture d'une coloration chaude.

Toile. Haut., 98 cent.; larg., 93 cent.

Brauwer.

77 — *Le Musicien.*

Forme ovale.

Bois. Haut., 26 cent.; larg., 20 cent.

Challe.

78 — *La Comparaison.*

Gracieuse composition.
A été gravée.

Toile. Haut., 54 cent.; larg., 63 cent.

Champaigne (Philippe de).

79 — *Petit Portrait de Pasquier Quesnel, théologien.*

Vu en buste, la tête de trois quarts tournée vers la gauche.

Bois. Haut., 19 cent.; larg., 14 cent.

Charlet (Nicolas-Toussaint).

80 — *Vieux Soldat agenouillé, faisant sa prière.*

Belle peinture, d'une exécution ferme et d'un beau coloris.

Signée.

Toile. Haut., 35 cent.; larg., 26 cent.

Dusart (Corneille).

81 — *Le Flagrant Délit.*

Spirituelle composition, de la plus fine qualité de l'artiste.

Bois. Haut., 21 cent.; larg., 16 cent.

École flamande.

82 — *Diane et ses nymphes surprises par Actéon.*

Bois. Haut., 57 cent.; larg., 84 cent.

École italienne.

83 — *Le Repos de la Sainte Famille.*

Bois. Haut., 18 cent.; larg., 23 cent.

Géricault (Attribué à Th.).

84 — *Épisode de la guerre d'Espagne sous le premier Empire.*

Toile. Haut., 38 cent.; larg., 59 cent.

Guardi (Genre de).

85 — *Le Grand Canal, à Venise.*

Toile. Haut., 20 cent.; larg., 27 cent.

Guardi (Attribué à F.).

86 — *La Douane, à Venise.*

La mer calme est sillonnée par des bateaux, aux différents plans.

Sur la droite, l'église de la Salute.

Toile. Haut., 62 cent.; larg., 82 cent.

Heinsius.

87 — *Portrait présumé de l'artiste.*

Assis et vu jusqu'à la ceinture, il porte un habit bleu, un gilet jaune à revers et tient un porte-crayon.

Toile. Haut., 72 cent.; larg., 58 cent.

Inconnu.

88 — *Danse de Bacchantes.*

Toile. Haut., 45 cent.; larg., 60 cent.

Rembrandt (École de).

89 — *Officier.*

Vu à mi-corps, coiffé d'un bonnet de fourrure, orné de plumes; cheveux châtains bouclés, il porte un hausse-col, un manteau foncé et une chaîne d'or.

Bois. Haut., 50 cent.; larg., 40 cent.

Rubens (D'après).

90 — *Portrait de la femme de l'artiste en buste; un voile sur la tête.*

Toile. Haut., 56 cent.; larg., 40 cent.

Seghers (Daniel) et Schut (Corneille).

91 — *La Sainte Famille entourée d'une guirlande de fruits.*

L'Enfant Jésus, assis sur les genoux de sa Mère, fait des caresses au petit saint Jean qui le regarde les mains jointes; derrière eux, deux anges; l'un en adoration, l'autre tenant une corbeille de fruits. Au-dessus, deux têtes de chérubins. Ce sujet est entouré d'une guirlande de fruits, tels que raisins, pommes, grenades, abricots, framboises, cerises, figues, etc., attachée à des branches de lierre, et le tout suspendu à un mascaron de pierre avec quelques fleurs.

Provenant de la collection G. Rothan.

Bois. Haut., 1 m. 3 cent.; larg., 73 cent.

Teniers (David).

92 — *Les Chaumières flamandes.*

Au premier plan, groupe de trois figures, deux vieillards debout, le bâton à la main, accompagnés d'un chien, et un villageois assis sur une pierre,

Plus loin, à gauche, les chaumières entourées d'arbres; sous une porte, une femme et devant elle trois hommes qui causent. Un dernier personnage est tourné contre le mur de la maison.

Collection Beurnonville.

Signé à droite.

Bois. Haut., 19 cent.; larg., 27 cent.

Tiepolo (Dominico).

93 — *Divers sujets mythologiques; au centre, Apollon.*

Esquisse pour un plafond,

Tocqué (Louis).

94 — *Portrait du duc de Richelieu.*

Il est vu jusqu'à la ceinture, tourné vers la gauche, les cheveux poudrés. Jabot de dentelle, gilet de brocart, habit de velours grenat. Son tricorne sous le bras, la main dans son gilet.

Signé en toutes lettres.

Provenant de la collection G. Rothan.

Toile. Haut., 80 cent.; larg., 63 cent.

Tournières (Robert).

95 — *Portrait de jeune femme.*

Elle est vue à mi-corps et tient un livre.

Les cheveux relevés et poudrés, les épaules et les bras nus. Robe blanche avec écharpe de soie bleue.

Gracieux portrait dans un beau cadre sculpté.

Toile. Haut., 76 cent.; larg., 61 cent.

Tournières (Robert).

96 — *Portrait d'homme.*

Vu presque de face, un fichu rayé noué autour de la tête; un vêtement de velours rouge jeté sur ses épaules.

Bois. Haut., 24 cent.; larg., 18 cent.

Troy (J. F. de).

97 — *Portrait allégorique de jeune femme en Cérès.*

Debout, vue jusqu'aux genoux, tenant une faucille, la main gauche appuyée sur une gerbe de blé, elle est vêtue d'une robe blanche laissant les épaules et les bras nus; une écharpe en soie jaune voltige autour d'elle.

Charmant et gracieux portrait, plein de distinction.

Toile. Haut., 1 m. 32 cent.; larg., 1 mètre.

Van Ostade (D'après Adrien).

98 — *Intérieur de tabagie.*

Bois. Haut., 30 cent.; larg., 25 cent.

Vélasquez (Genre de).

99 — *Soldats traversant une rivière.*

Crayon noir rehaussé de blanc.

Haut., 24 cent.; larg., 45 cent.

Wyck (Thomas).

100 — *Intérieur hollandais.*

Dans une longue pièce décorée de tableaux aux cadres de bois noir, auprès d'une table recouverte d'un tapis, une dame est assise ayant devant elle ses deux fillettes occupées à des travaux d'aiguille ; un serviteur, portant un bassin, complète le groupe, une grosse malle de voyage, des livres, des ustensiles de ménage sont épars sur le sol ; des poteries sont posées sur un buffet et sur des étagères ; le soleil pénètre dans la chambre à travers les petites vitres d'une fenêtre cintrée.

Un des meilleurs tableaux de l'artiste.

Cadre ancien en bois sculpté.

Provenant de la collection H. Hecht.

Bois. Haut., 46 cent.; larg., 40 cent.

www.ingramcontent.com/pod-product-compliance
Ingram Content Group UK Ltd.
Pitfield, Milton Keynes, MK11 3LW, UK
UKHW020511180726
13839UKWH00005B/2012

9 782329 534701